ALBUM

DU

LUXE PARISIEN

et

GUIDE

Paris. — Imp. PILLOY, boulevard Pigalle, 50.

ALBUM DU LUXE PARISIEN

NOMENCLATURE

DES FOURNISSEURS

DE

LL. MM. L'EMPEREUR ET L'IMPÉRATRICE

DU PRINCE IMPÉRIAL

Du Sénat, du Corps Diplomatique

DU CORPS-LÉGISLATIF, — DES MINISTÈRES, ETC.

DES GOUVERNEMENTS ÉTRANGERS

Et des Aristocraties Françaises et Etrangères.

1861

ALBUM DU LUXE PARISIEN

PRÉFACE

L'étranger qui arrive à Paris éprouve toujours un très-grand embarras dès qu'il s'agit pour lui de choisir, dans l'innombrable liste des commerçants parisiens, ceux dont il doit faire ses fournisseurs. C'est donc lui rendre un véritable service que de lui désigner d'une manière toute particulière les industriels qui sont en état de lui fournir au meilleur compte et dans les conditions les plus excellentes les divers objets dont il peut avoir besoin.

Tel est l'objet de ce petit ALBUM DU LUXE PARISIEN, ainsi nommé, non point parce qu'il contient exclusivement les adressses des négociants qui *vendent cher*, mais parce que les maisons qui s'y trouvent désignées, sont toutes de premier ordre, vendant, *au plus juste prix*, des produits d'une perfection garantie.

Or, quelles peuvent être ces maisons *sûres*, sinon celles qui se sont acquis l'honneur de la haute clientèle de

LL. MM. l'Empereur et l'Impératrice, de LL. AA. II. le Prince impérial et les membres de la famille impériale, des grands corps et des premières administrations de l'État, ainsi que de LL. MM. les Souverains étrangers ; des aristocraties françaises et étrangères, et qui, en outre, ont mérité cet honneur insigne par les récompenses et les mentions qu'elles ont obtenues aux expositions universelles de Londres et de Paris?

En isolant ces maisons hors ligne de la foule des autres, notre *Album* mettra donc l'étranger à même de ne point s'égarer dans ses achats. En se rendant aux adresses que nous lui indiquons l'acheteur sera sûr de trouver les premiers articles en tous genres du commerce et de l'industrie de Paris et de l'Europe, de pouvoir faire son choix en pleine connaissance de cause et en complète sûreté de n'être jamais trompé ; enfin, d'être reçu non comme une pratique vulgaire par un vulgaire négociant, mais en homme du monde par des messieurs et des dames habitués à l'exquise affabilité que peut seule procurer l'habitude du commerce de la plus riche, de la plus aristocratique clientèle du monde entier.

ALBUM

S. M. NAPOLÉON III.

S. M. L'IMPÉRATRICE.

LA CEINTURE RÉGENTE DE Mmes DE VERTUS

On lit dans le Nord (courrier de Mme la vicomtesse de Renneville) :

Le succès de la CEINTURE RÉGENTE prouve toutes les qualités de perfection qu'on lui a reconnues; s'il fallait dire maintenant aux dames qui l'ont adoptée : « *Quittez votre ceinture pour en revenir aux corsets d'autrefois,* » elles s'épouvanteraient comme s'il fallait subir les tortures de l'Inquisition. La CEINTURE RÉGENTE de Mmes DE VERTUS est si élégante et si souple qu'elle soutient le corps sans le faire souffrir; aussi est-elle recommandée par nos premiers médecins, et toutes les dames désireuses de conserver leur santé s'empresseront de l'adopter; mais qu'elles prennent garde à la contrefaçon : plus on a de talent et de réputation, plus on a de jaloux autour de soi. La CEINTURE RÉGENTE est brevetée et est la propriété exclusive de Mmes DE VERTUS, 26, rue de la Chaussée d'Antin, Paris.

18, rue de la Paix PARIS

18, rue de la Paix PARIS

CORSETS

Mme GRINGOIRE

SEULE FOURNISSEUR BREVETÉ DE S. M. L'IMPÉRATRICE

et de plusieurs Cours étrangères.

18, rue de la Paix, 18

Mme VICTOIRE BARON

ANCIENNE PREMIÈRE DEMOISELLE DE MADAME CÉLESTINE QUILLET

ROBES DE VILLE ET DE BAL

HAUTES CONFECTIONS

Envois en province et à l'étranger.

S. A. LE PRINCE IMPÉRIAL.

GLOVE MANUFACTORY

GANTS sur Mesure. | GLOVES to Measure.

A. CAUSSE

FABRICANT DE GANTS

218, Rue de Rivoli (ancien 32 bis)

MAISON DE L'HOTEL BRIGHTON

English spoken,

HUMANN

TAILLEUR

83, rue Neuve-des-Petits-Champs, 83.

PRÈS LA PLACE VENDOME.

FLEURS.

ARTICLES DE COUR. | PARURES DE BAL

TILMAN

Brevet d'invention s. g. d. g.

104, Rue Richelieu, 104

— PARIS —

MAISON A NEW-YORK, 712, BROADWAY.

HORLOGERIE DE PRÉCISION

CHÉDEL

164, Rue de Rivoli (Hôtel du Louvre)

Fournisseur de l'Etat-Major de la place de Paris.

Fabrique de Bronzes d'art

POUR

PENDULES & AMEUBLEMENT

SUSSE FRÈRES

31, place de la Bourse

BREVETÉS DE LL. MM. L'EMPEREUR & L'IMPÉRATRICE

Et du Roi des Pays-Bas

PREMIÈRES MÉDAILLES AUX EXPOSIT. UNIVERS. DE PARIS ET LONDRES

Éditeurs des œuvres de Pradier, Cumberwoth, Lequesne, Mélingue

ETC., ETC.

Et des principaux chefs-d'œuvre de l'antiquité, réduits par le procédé mécanique de Sauvage. — Plus de **700 PENDULES** à choisir de **45** à **1,000** fr

---

Prix fixes et marqués en chiffres connus.

EMPIRE FRANÇAIS

NAPOLÉON III (CHARLES-LOUIS), Empereur des Français, né le 20 avril 1808, du mariage de LOUIS-NAPOLÉON, roi de Hollande, et d'HORTENSE-EUGÉNIE, reine de Hollande ; marié le 29 janvier 1853, à

EUGÉNIE MARIE DE GUSMAN, comtesse de Téba, impératrice des Français, née le 5 mai 1826.

De ce mariage : NAPOLÉON EUGÈNE-LOUIS-JEAN-JOSEPH, prince impérial, né le 16 mars 1856.

MATHILDE-LÆTITIA-WILHELMINE, née le 27 mai 1820, mariée, en 1841, au prince ANATOLE DEMIDOFF DE SAN-DONATO.

NAPOLÉON-JOSEPH-CHARLES-PAUL, né le 9 septembre 1822, marié le 3 février 1859, à CLOTILDE (MARIE-THÉRÈSE-LOUISE), née le 2 mars 1843, fille du roi d'Italie.

PRINCES ET PRINCESSES DE LA FAMILLE DE L'EMPEREUR

AYANT RANG A LA COUR

S. A. le prince LOUIS-LUCIEN BONAPARTE.
S. A. le prince PIERRE-NAPOLÉON BONAPARTE.
S. A. le prince LUCIEN MURAT.
S. A. le prince JOSEPH BONAPARTE.
S. A. le prince JOACHIM MURAT.
S. A. le prince BACCIOCHI.
S. A. la princesse MURAT.
S. A. la princesse JOACHIM MURAT.

INSTRUMENTS DE MUSIQUE

EN CUIVRE

SAX (Alphonse) Junior, facteur et ingénieur en instruments d'harmonie et de musique militaire, breveté de S. M. l'Empereur des Français, grand brevet de S. M. la reine d'Angleterre; breveté de S. M. le roi des Belges; 2e prix en 1838; 1er prix en 1841; prix d'honneur, médaille d'or en 1843; délégué par le gouvernement belge pour visiter l'exposition universelle de Londres en (1851) (1). Neuf brevets d'invention d'un nouveau principe de la division en demi-tons des instruments de cuivre *en général* par la réunion sur un même instrument de pistons chromatiques ascendants et de pistons chromatiques descendants, seul breveté s. g. d. g. pour cette nouvelle invention d'instruments saxomnitoniques. Manufacture d'instruments en cuivre et en bois, en tous genres, de toutes formes et dans tous les tons.

Rue d'Abbeville, 5 bis, ci-devant rue Lamartine, 22, à Paris.

(1) La grande médaille d'honneur a été accordée à M. Sax par le jury de Besançon, mais le jury de Paris a cru devoir ne lui accorder que la médaille de 1re classe, *la plus haute récompense*, M. Sax n'exposant que pour la 1re fois.

SÉNAT

Au Palais du Luxembourg, rue de Vaugirard, 19.

CORPS LÉGISLATIF

Rue de l'Université, 126-28

COMSEIL D'ÉTAT (PRÉSIDENCE)

Rue de Lille, 62.

MINISTÈRE D'ÉTAT ET DE LA MAISON DE L'EMPEREUR,

Place du Carrousel, et 192, rue de Rivoli.
Bureaux ouverts tous les jours non fériés, de 10 h. à 4 h.

S. Ex. M. le comte Walewski.

MINISTÈRE DE LA MAISON DE L'EMPEREUR

Palais du Louvre, place du Palais-Royal.

S. Ex. M. le maréchal Vaillant.

GRANDE CHANCELLERIE DE L'ORDRE IMPÉRIAL DE LA LÉGION-D'HONNEUR

Rue de Lille, 64.

S. Ex. M. l'amiral Hamelin.

ROBES DE VILLE ET DE BAL
HAUTES CONFECTIONS

MME LEROY-NOTTA

ADMISE A L'EXPOSITION UNIVERSELLE DE 1855
17, Rue de la Paix, 17
AU PREMIER

CORSETS

12, *rue Saint-Roch*, 12
PARIS.

MAISON CLOPIN
Fournisseur breveté
de Son A. I. princesse Mathilde, S. M. la reine de Wurtemberg,
S. A. la princesse de Saxe-Weimar.

CORSETS POUR ENFANTS
BRASSIÈRES ET BASQUINES
Corsets pour difformité et déviations de la taille,

FABRIQUE DE PARFUMERIE ET SAVONNERIE

MARIETTE ET PERRON

2, RUE TRONCHET
Paris.

FOURNISSEURS DE PLUSIEURS PRINCES DE LA COUR DE RUSSIE.

PARFUMERIE ÉLECTRIQUE.

BROSSE ÉLECTRIQUE, cinq ans de succès, 5 francs.
Plus de dentifrices, elle s'emploie à sec, se sert du tartre et des sucs salivaires, rend indestructibles l'émail et l'éclat, guérit la carie, les névralgies et les gencives. L'Élixir VITAL prolonge l'électricité. Coloration des cheveux, reproduction par le traitement électrique.
Dépôt général à Paris, gros et détail, affranchir.
Mme SORA, 9, boulevard des Italiens (entresol).
A Saint-Pétersbourg, maison DUCHON.

MINISTÈRES.

Les Ministres accordent des audiences lorsqu'on leur en fait par écrit la demande motivée.

MINISTÈRE DES AFFAIRES ÉTRANGÈRES,
Rue de l'Université, 130.
Bureaux ouverts le mardi et le vendredi, de midi à 3 heures.
Passeports et légalisations : tous les jours non fériés, de 11 h. à 4.
S. Ex. M. Thouvenel.

MINISTÈRE DE L'AGRICULTURE, DU COMMERCE ET DES TRAVAUX PUBLICS,
Rue Saint-Dominique-Saint-Germain, 62 et 64.
Bureaux ouverts le mardi et le vendredi, de 2 h. à 4 h.
S. Ex. M. Rouher.

MINISTÈRE DES FINANCES,
Rue de Rivoli, 234.
Caisses et bureaux ouverts tous les jours non fériés, de 10 à 4 h.
S. Ex. M. Forcade de la Roquette.

COUR DES COMPTES
Palais d'Orsay, rue de Lille, 62 bis.

MINISTÈRE DE LA GUERRE,
Rue Saint-Dominique-Saint-Germain, 86.
S. Ex. M. le maréchal Randon.
Le public est admis tous les mercredis, de 2 à 5 heures, à la section de l'Enregistrement et des Renseignements, rue Saint-Dominique, 88.

MINISTÈRE DE L'INSTRUCTION PUBLIQUE ET DES CULTES,
Rue de Grenelle-Saint-Germain, 110.
Bureaux ouverts le jeudi, de 2 heures à 4 heures.
S. Ex. M. Rouland.

MINISTÈRE DE L'INTÉRIEUR,
Rue de Grenelle-Saint-Germain, 101.
Les Bureaux, même rue, 103, et Bellechasse, 66. — Ouverts le mardi et le jeudi, de 11 h. à 3 h. — Les chefs de division reçoivent les mardi, jeudi et samedi, de midi à 3 heures.
S. Ex. M. le comte de Persigny.

MINISTÈRE DE LA JUSTICE,
Place Vendôme, 13, et rue du Luxembourg, 36.
Bureaux ouverts le vendredi, de 2 h. à 4 h.
Légalisations : tous les jours non fériés, de midi à 2 heures.
S. Ex. M. Delangle.

MINISTÈRE DE LA MARINE,
Rue Royale, 2. — Bureaux ouverts le jeudi, de 2 h. à 4 h.
S. Ex. M. le comte de Chasseloup-Laubat.

PRÉFECTURE DE LA SEINE

A l'Hôtel-de-Ville. — Bureaux ouverts de 10 à 5 heures.

PRÉFECTURE DE POLICE

Quai des Orfèvres, rue de Jérusalem, 7. — Bureaux ouverts de 9 h. et demi à 4 heures.

AMBASSADES ET CONSULATS.

ANGLETERRE, rue du Faubourg-Saint-Honoré, 39, de 11 heures à 3 heures.

AUTRICHE, rue de Grenelle-Saint-Germain, 87, de 1 heure à 3 heures. — Visa, 3 fr., légalisation, 5 fr.

BADE, rue de Boursault, 17, de 1 heure à 3 heures. — Visa français, 5 fr., étranger, prix divers.

BAVIÈRE, rue d'Aguesseau, 15, de 1 heure à 3 heures. — Visa gratis pour les étrangers, 5 fr. pour les Français.

BELGIQUE, rue de la Pépinière, 97, de midi à 2 heures 1/2. — Visa, 5 fr. pour les passeports français.

BRÉSIL, rue de la Pépinière, 106, de midi à 3 heures. — Visa gratis.

BRUNSWICK (duché de). rue de Penthièvre, 19. — La légation du Hanovre est chargée de ses affaires.

BUENOS-AYRES, rue Saint-Georges, 35, de 9 heures à midi.

CHILI, rue Saint-Lazare, 33, de 10 heures à 2 heures. — Visa, 5 fr., légalisation, 10 fr.

CONFÉDÉRAT. ARGENT., rue Saint-Georges, 23, de 1 heure à 3 heures. — Visa, 5 fr.

CONFÉDÉRAT. GERMAN., (Voyez VILLES LIBRES.)

CONFÉDÉRAT. GRENAD., rue Neuve-des-Mathurins, 102.

COSTA-RICA, place de la Bourse, 4, de 9 heures à 11 heures. — Visa gratis.

DANEMARK, rue de la Pépinière, 88, de 11 heures à 2 heures. — Visa gratis.

DEUX-SICILES. faubourg Saint-Honoré, 47. — Passe-port, 2 fr., légalisation, 5 fr.

ÉQUATEUR, avenue Matignon, 15, de 10 heures à 3 heures. — Visa gratis.

ESPAGNE, quai d'Orsay, 25, de 1 heure à 3 heures. — Visa gratis. — La légation d'Espagne représente aussi

ÉTATS-ROMAINS, rue de l'Université, 69, de 11 heures à 1 heure. — Visa, 3 fr., légalisation, 5 fr.

ÉTATS-UNIS, rue Beaujon, 13, de midi à 3 heures.

GRÈCE, rue du Cirque, 20, de midi à 3 heures. — Visa gratis.

GUATEMALA, rue Neuve-des-Mathurins, 102, de midi à 1 heure.

HAITI, rue Caumartin, 19, de 11 heures à midi. — Visa gratis.

HANOVRE. avenue Gabrielle, 46, bureaux, rue Penthièvre, 19. De midi à 2 heures. Passe-ports français et autres, prix différents; légalisation, 6 fr.
La légation de Hanovre est chargée des affaires du duché de Brunswich.

MODES

Mme PERROT-DIETRICH

14 bis, BOULEVART POISSONNIÈRE, 14 bis.

Maison du Pont-de-Fer

Mme Perrot-Dietrich a par-dessus tout et indépendamment de son talent bien avéré de modiste, un goût exquis et l'invention de l'artiste. Ses modes étonnent et ravissent; en sachant juger le visage et la physionomie comme un peintre habile, elle connaît chaque type et celui qui lui convient pour le faire valoir.

La coiffure d'une femme est le plus puissant auxiliaire de l'élégance. Une coiffure étudiée par Mme Pierrot-Diétrich fait valoir la personne autant que la toilette ; aussi, ce bon goût lui a-t-il mérité sa réputation, et l'honneur d'être fournisseur de plusieurs dames de la Cour.

HESSE ÉLECTORALE, rue Jean-Goujon, 16, de 9 heures à 11 heures. — Visa, 5 fr.

HESSE GRAND-DUCALE, rue Grenelle-Saint-Germain, 112, de 11 heures à 2 heures.

HONDURAS, rue d'Aumale, 19, de 10 heures à midi, et de 4 heures à 6 heures. — Visa, 5 fr.

MECKLEMBOURG (les 2), rue de la Madeleine, 29. — Visa des passeports de 11 heures à 1 heure, gratis.

MEXIQUE, rue Roquépine, 9, de midi à 4 heures. — Visa étrangers, 5 fr., mexicains, gratis.

NASSAU, (Voyez Pays-Bas.)

NICARAGUA, rue de la Ville-l'Evêque, 38.

NOUVELLE-GRENADE, rue du Faubourg-Saint-Honoré, 134, de 9 heures à midi.

OLDENBOURG, rue Neuve-des-Mathurins, 10, de 11 heures à midi.

PARME ET PLAISANCE, (Voyez Espagne.)

PAYS-BAS, rue de Châteaubriand, 17, de 11 heures à 1 heure. — Visa gratis.

PEROU (république du), rue Taitbout, 82.

PERSE, rue Saint-Honoré, 372, de 10 heure à 1 heure.

PORTUGAL, rue d'Astorg, 12.

PRUSSE, rue de Lille, 78, de midi à 1 heure 1/2.—Visa français.

RUSSIE, rue du Faubourg-St-Honoré, 33, de midi à 1 heure. — Visa gratis.

SAINT-MARIN rue d'Anjou-Saint-Honoré, 7, de midi à 3 heures. — Visa, 5 fr. 50 c.

SAN-SALVADOR, rue d'Aumale, 19, de 10 heures à midi et de 4 heures à 6 heures. — Visa, 5 fr.

SARDAIGNE, rue Saint-Dominique-Saint-Germain, 133, de 11 heures à 2 heures. — Visa, 3 fr.

SAXE-COBOURG, rue Saint-Lazare, 92.

SAXE-ROYALE, rue du Faubourg-Saint-Honoré, 170, de 11 heures à 1 heure. — Visa français, 5 fr., étrangers, gratis.

SUÈDE ET NORWÈGE, rue d'Anjou-Saint-Honré, 71, jusqu'à 2 heures. — Visa, 5 fr.

SUISSE, rue d'Aumale, 9, de 10 heures à 3 heures. — Visa pour les étrangers, 3 fr.

TOSCANE, rue Caumartin, 31, de midi à 2 heures. — Visa, 3 fr.

TURQUIE, rue Grenelle-Saint-Germain, 116, bureaux du Consulat, rue de la Victoire, 44, de midi à 3 heures.

URUGAY, rue Saint-Honoré, 368, de 9 heures à 3 heures.

VENEZUELA, place Rivoli, 3, de 11 heures à 2 heures.

VILLES LIBRES, *Hanséatiques de Lubeck, Brême, Hambourg, et ville libre de Francfort*, rue Matignon, 12, de 10 heures à 2 heures. — Visa gratis.

WURTEMBERG, rue Tronchet, 2, de 11 heures à 1 heure.—Visa gratis.

BIBLIOTHÈQUES.

Arsenal, rue de Sully, 1. — Tous les jours non fériés, de 10 heures à 3 heures. — Vacances du 1er au 15 septembre.

Conservatoire, rue Saint-Martin, 292.— Tous les jours de 10 à 3 heures, excepté le lundi.

Jardin des Plantes. — Tous les jours de 11 heures à 3 heures, dimanche et jeudi exceptés.

Sainte-Geneviève, place du Panthéon. — Tous les jours non fériés de 10 heures à 3 heures et de 6 heures à 10 heures du soir.

Impériale, rue de Richelieu, 58. — Vacances : la quinzaine de Pâques et le mois de septembre. Tous les jours non fériés de 10 h. à 3 heures aux lecteurs, et les mardis et vendredis, aux mêmes heures, aux visiteurs.

Mazarine, à l'Institut, quai Conti, 23. — Tous les jours non fériés de 10 heures à 3 heures. Fermée du 15 septembre au 1er novembre.

La Sorbonne, rue de ce nom. — Tous les jours non fériés de 10 h. à 3 h. et de 7 heures à 10 heures. Fermée du 12 juillet au 15 août.

De la ville, à l'Hôtel-de-Ville — Tous les jours non fériés de 10 heures à 3 heures. Fermée du 15 au 1er octobre.

Les plans en relief aux Invalides. — Du 1er mai au 30 juin. Passeport ou une permission.

Archives de l'Empire, rue de Paradis, au Marais. — Tous les jours non fériés de 10 heures à 3 heures. Un archiviste fournit les renseignements.

Imprimerie Impériale, rue Vieille-du-Temple. — Avec une permission du directeur.

MUSÉES

D'artillerie, place Saint-Thomas-d'Aquin, 3. — Visible les jeudis de 11 à 4 heures, avec une permission du Conservateur ou passeport.

De Cluny et palais des Termes, rue des Mathurins-St-Jacques, 14. — Public le dimanche de midi à 4 heures. Avec passeport ou billet du directeur, les mercredi, jeudi et vendredi.

Dupuytren et de l'Ecole-de-Médecine, place de l'Ecole-de-Médecine; consacré spécialement aux étudiants.

De l'Ecole des Beaux-Arts, rue Bonaparte, 14. — Avec une permission du ministre d'Etat.

D'Histoire Naturelle, au Jardin-des-Plantes. — Les mardis et vendredis, de 2 heures à 5 heures; les dimanches, de 1 heure à 5 heures; les lundis, jeudis et samedis, de 11 heures à 3 heures, avec billets ou passeport.

Du Louvre. Peintures, sculptures, antiquités, etc. — Tous les jours de 10 heures à 4 heures, excepté le lundi.

Des Monnaies, hôtel de la Monnaie, quai Conti. — Les mardis et vendredis de midi à 3 heures. — Pour visiter les ateliers, il faut avoir une permission du directeur.

Conservatoire des Arts-et-Métiers, rue Saint-Martin, 292. — Les dimanches et jeudis de 10 heures à 4 heures ; les autres jours avec passeport.

L'Observatoire, avenue de ce nom.

THÉATRES

Voir le prix des places aux pages 32 et 34.

ACADÉMIE IMPÉRIALE DE MUSIQUE
Rue Le Peletier
On joue les Lundis, Mercr. et Vendr.
Opéras et Ballets
Directeur : M. ALPHONSE ROYER.

—

THÉATRE-FRANÇAIS
Rue Richelieu
Tragédies, Comédies, Drames
Directeur : M. THIÉRY.

—

OPÉRA-COMIQUE
Place Boieldieu
Opéras-Comiques
Directeur : M. BEAUMONT.

—

ODÉON
Tragédies, Comédies, Drames
Directeur : M. LA ROUNAT.

—

THÉATRE-ITALIEN
Place Ventadour
Le mardi, le jeudi et le samedi
Opéras italiens
Directeur : M. CALZADO.

—

THÉATRE LYRIQUE
boulevard du Temple
Opéras comiques, Drames lyriques
Directeur : M. RÉTY.

—

GYMNASE
boulevard Bonne-Nouvelle
Vaudevilles, Comédies
Directeur : M. MONTIGNY.

VAUDEVILLE
Place de la Bourse
Comédies mêlées de chant
Directeurs : MM. BENOU,

—

VARIÉTÉS
boulevard Montmartre
Vaudevilles, Féeries
Directeur : M. COGNIARD.

—

PALAIS-ROYAL
au Palais-Royal
Vaudevilles
Directeur : M. PLUNKETT.

—

PORTE-SAINT-MARTIN
boulevard Saint-Martin
Vaudevilles, Drames
Directeur : M. MARC FOURNIER.

—

GAITÉ
boulevard du Temple
Vaudevilles, Drames
Directeur : M. HARMANT.

—

AMBIGU-COMIQUE
boulevard Saint-Martin
Drames, Féeries
Directeur : M. DE CHILLY.

—

CIRQUE-IMPÉRIAL
boulevard du Temple
Drames militaires, Féeries
Directeur : M. HOSTEIN.

PRIX DES PLACES DANS LES THÉATRES

GRAND OPÉRA.

	bureau	locat.
Avant-scène du foyer, loges du foyer, stalles d'amphithéâtre.	10 »	12 »
Stalles d'orchestre, loges d'avant-scène de balcon, première de face, avant-scène des premières, loges de balcon, baignoires	8 »	10 »
Première de côté	7 »	8 »
Loges intermédiaires, deuxième de face	6 »	7 »
Deuxième de côté, troisième de face, parterre	4 »	5 »
Troisième de côté, quatrième loges de face, amphithéatre. .	2 50	3 »

COMÉDIE-FRANÇAISE.

	bureau	locat.
Avant-scène du rez-de-chaussée avec salon	8 »	12 50
id. sans salon	6 60	10 »
Log. du rez-de-chaussée n° 1 et 2, loges de la galerie	6 60	9 »
Loges du rez-de-chaussée	6 60	8 »
Prem. de face, deuxième rang de loges, stalles de prem balcon.	6 »	8 »
Prem. loges découvertes, stalles d'orchestre, orchestre des musiciens	5 »	7 »
Prem. galerie	5 »	6 »
Deuxièmes loges fermées	4 50	6 »
Balcon des premières	4 50	5 »
Galerie des prem. loges	2 50	4 »
Troisièmes loges	2 60	3 »
Parterre	2 50	» »
Deuxièmes galeries amphith	1 »	» »

OPÉRA-COMIQUE.

	bureau	locat.
Avant-scène de rez-de-chaussée de balcon, loges de la première galerie avec salon	7 »	9 »
Avant-scène de la prem. galerie.	6 »	9 »
Loges de la prem. galerie de face sans balcon, premieres loges de face avec salon	6 »	8 »
Fauteuils debalcon	6 50	8 »
Fauteuils de la prem. galerie. .	6 »	7 50
id. d'orchestre		
Baignoires de face et de côte. . .	6 »	7 »
Loges de la prem. galerie de côté avec salon, premières de face sans salon	5 »	7 »
Avant-scène des prem. loges. . .	5 »	6 50
Prem. loges de côté avec salon.	5 »	6 »
id. sans salon	4 »	5 »
Avant-scène des loges de la deuxième galerie	3 »	4
Parterre	2 50	» »
Deuxièmes galeries	3 »	» »
Loges de la deuxième galerie de face	2 »	»
Troisiemes loges	1 50	»
Loges de la deuxieme galerie d côté	1 50	2 50
Amphithéatre	1 »	» »

OPÉRA-ITALIEN.

	bureau	locat.
Stalles d'orchestre de balcon. . .	10 »	12 »
Prem. et deuxième loge de face.	10 »	13 »
Secondes de côté	7 50	11
Rez-de-chaussée	7 50	10 »
Troisième de face	6 »	8 »
Troisieme de côté	5 »	7 »
Quatrième	4 50	4 5.
Parterre	4 »	5

ODÉON.

	bureau	locat.
Avant-scène des premières	6 »	7 »
Balcon des premieres	5 »	5 50
Stalles de balcon	3 »	3 50
id. d'orchestre	2 5	3 »
id. de premiere galerie	2 50	3 »
premières loges de face	4 »	5 »
id. de cote	3 »	3 50
Deuxiemes loges de face	2 50	3 25
id. de coté	2 »	2 50
Baignoires de fece	2 50	2 75
Orchestre	2 50	3 »
Trois. loges de face et cintre	1 »	1 25
Deuxieme galerie	1 5	2 »
parterre	1 5	00 (0

THÉATRE-LYRIQUE.

	bureau	locat.
Av.-scène du rez de-chaussée, av.-scène de la galerie	6 »	7 »
Av.-scène du théâtre	4 50	5 50
Av. scène des prem	4 »	5 »
Loges de la galerie	5 »	6 »
Fauteuils d'orchestre		
id. de la galerie	4 »	5 »
id. du prem balcon, stalles d'orchestre	3 »	4 »
Baignoires	3 50	4 50
Prem loges découvertes, stales du premier balcon	2 50	3 »
Deuxieme galerie	2 »	» »
Deuxieme balcon, parterre. . .	1 50	» »
premier amphithéatre, troisième balcon	1 »	»

VAUDEVILLE.

	bureau	locat.
Av.-scene du rez-de-chaussée, av.-scene du foyer	6 »	7 50
Fauteuils d'orchestre, id de balcon, loges de face fermées, loges découvertes du foyer, av.-scenes des prem. baignoires grillées de face	5 »	6 »
Fauteuils de la prem. galerie, baignoires de côté	4 »	5 »
Prem. loges de face	3 50	4 »
id. de côté, av.-scenes des secondes	2 50	3 »
Secondes loges de face	2 »	2 50
Secondes loges de côté	1 50	2 »
Parterre	2 »	» »
Secondes galeries	1 »	» »

PRIX DES PLACES DANS LES THÉATRES

GYMNASE.

	bureau	local.
Av.-scènes	6 »	8 »
Loges d'entresol	6 »	7 50
Fauteuils d'orchestre et de balc.	5 »	6 »
Fauteuils de gal., baignoires, prem. loges de face, stalles d'orchestres	4 »	5 »
Prem. loges de côté	3 »	4 »
Amphit et av.-sc des deuxiem. loges	2 50	3 »
Parterre	2 »	» »
Deuxièmes loges de côté	2 »	2 50
Troisième loges	1 25	2 »
Deuxième galerie	1 »	» »

VARIÉTÉS.

	bureau	local.
Av.-scènes du rez-de-chaussée et av.-sc. des premières	6 »	7 »
Fauteuils d'orchestre, stalles et balcon, loges de la galerie	5 »	6 »
Stalles d'orchestre, prem. gal., deuxième loges de face	4 »	5 »
Loges intermédiaires	3 »	4 »
Deux. loges de côté, pourtours	50	3 »
Deuxièmes gal, trois. loges	2 »	2 50
Parterre	2 »	» »
Deuxième balcon	1 50	2 »
Premier amphit	1 25	» »
Deuxième amphit	» 75	» »

PALAIS-ROYAL.

	bureau	local.
Av.-scène, prem. loges de face et de balcon, fauteuils de balcon et d'orchestre	5 »	» »
Fauteuils d'amphithéâtre, av.-scène des deuxièmes, deuxième loge de face, baignoires d'orchestre	4 »	» »
Av.-sc. des troisièmes	3 »	» »
Deuxièmes loges de côté, pourtour	2 50	» »
Troisièmes loges, stalles des troisièmes	2 »	» »
Amphit des trois., parterre	1 50	» »

PORTE-ST-MARTIN.

	bureau	local.
Baignoires, av.-sc. de rez-de-chaussée des prem., av.-sc. des deuxièmes avec balcon, loges de face de premier rang et loges de balcon	5 »	7 »
Fauteuils de balcon d'av.-sc., id. de face, loges de face de la prem. gal.	4 »	6 »
Fauteuils d'orchestre	3 »	5 »
Loges découvertes de la prem. gal., stalles d'orch., stalles de face de la prem. galerie	2 50	4 »
Stalles de deuxième de face	2 »	2 50
Av.-sc. des deuxièm., 8 places		20 »
Pourtour, gal des deuxièmes de côté, parterre	1 50	» »
Deuxième galerie	1 »	» »
Deuxième amphithéâtre	» 50	» »

AMBIGU-COMIQUE.

	bureau	local.
Av.-sc du rez-de-chaussée, av.-sc. des prem., prem. loges de face	6 »	7 »
Fauteuils des prem., premier rang	4 »	5 »
id., id., second rang id. d'orchestre, prem. loges découvertes	3 »	4 »
Baignoires grillées, deuxièmes loges de face, av.-sc des deuxièmes, stalles d'orch.	2 50	3 50
Fauteuils du pourtour, fauteuils des deuxièmes	2 50	3 »
Stalles des secondes	2 »	2 50
Stalles du pourtour, deuxièm. galeries	1 50	2 »
Av.-sc. des troisièmes et petites loges	1 50	» »
Parterre, quatrième av.-sc.	1 25	» »

GAITÉ

	bureau	local.
Av.-sc. du rez-de-chaussée, id. des prem., prem. loges de face	5 »	7 »
Baignoires	4 »	6 »
Fauteuils d'orch., stalles de prem. galerie	4 »	5 »
Loges découvertes du rez-de-chaussée, stalles de balcon	3 »	4 »
Stalles d'orchestre	2 50	3 »
Deuxièmes av.-sc	2 »	3 »
Stalles des deuxième	2 »	2 50
Premier amphith.	1 50	1 75
Deuxième galerie de côté	1 25	1 50
Parterre	1 »	» »

THÉATRE-NATIONAL

	bureau	local.
Av.-sc. du rez-de-chaussée, id. des premières	5 »	6 »
Loges de face	4 »	5 »
Pourtour, stalles d'orchestre	3 »	4 »
Stalles de balcon, baignoires	2 50	3 50
Orchestre	2 »	3 »
Deuxième galeries	1 50	2 »
Av.-sc. des deuxièmes	2 »	» »
Av.-sc. des troisièmes	1 »	» »
Prém. amphit., parterre	1	» »

FOLIES-DRAMATIQUES

	bureau	local.
Av.-sc. du rez-de-chaussée	3 »	3 50
id. d'entresol	2 75	3 50
Av.-sc. des premières	2 50	3 25
Loges de face	2 25	3 »
Stalles des prem. de face	2 »	2 50
Balcon, av.-sc. des deuxièmes	1 50	2 »
Stalles d'amphithéâtre	1 25	1 50
Orchestre, av.-sc des troisièmes	1 »	1 25
Parterre et amphithéâtre	» 75	1 »

DÉPOT DE THÉS

DE LA COMPAGNIE ANGLAISE

23, Place Vendôme, 23

ÉTABLI EN 1823

Spécialement pour la vente des Thés de première qualité

Fournisseurs brevetés de S. M. l'Empereur

Le Magasin est fermé le dimanche et le soir à 9 heures.

394, rue Saint-Honoré (en face l'Assomption).

MAISON F. GRANDPERRIN

A. GERVAIS, successeur

HORLOGER - BIJOUTIER

BRONZES.

PARFUMEMIE — AU VAUDEVILLE — BROSSERIE

3, RUE DE LA BOURSE, 3.

MAISON LEFÈVRE ET SAINT

—*GANTERIE*—

Gants à manchettes brevetés.

MME NANINE HAUTCŒUR

MODES

30, rue Neuve-Saint-Augustin, 30

AU PREMIER.

BOUFFES-PARISIENS
Passage Choiseul
Opérettes
Directeur : M. J. OFFENBACH.

—

THÉATRE DÉJAZET
boulevard du Temple
Opérettes, Vaudevilles, Pantomimes
Directeur : M. EUG. DÉJAZET

—

FOLIES-DRAMATIQUES
boulevard du Temple
Vaudevilles
Directeur : M. HAREL.

—

CIRQUE NAPOLÉON
boulevard des Filles-du-Calvaire
Scènes équestres
Directeur : M. DEJEAN.

CIRQUE DE L'IMPÉRATRICE
Champs-Élysées.
Scènes équestres (fermé l'hiver)
Directeur : M. DEJEAN.

—

HIPPODROME
Avenue de Saint-Cloud
Scènes équestres
Directeur : M. ARNAULT.

—

SOIRÉES FANTASTIQUES D'HAMILTON
boulevard des Italiens
Tours d'Escamotage et de Physique
Directeur : M. HAMILTON.

—

THÉATRE SÉRAPHIN
boulevard Montmartre
Marionnettes
Directrice : Vᵉ ROGER.

BALS ET CONCERTS

CHALET DES ILES
bois de Boulogne
Fêtes vénitiennes, Concerts
Directeur : M. MANUEL.

—

CHATEAU DES FLEURS
Champs-Elysees, rue des Vignes, 7
Soirées dansantes tous les lundis, mercredis, vendredis et dimanches.
Bals-Concerts
les dimanches et fêtes

CONCERTS MUSARD
Carré des Champs-Elysées
côté gauche
tous les soirs de 8 à 11 heures

—

JARDIN MABILLE
Avenue Montaigne, 87, 89 et 91
aux Champs-Elysées.
Soirées musicales et dansantes tous les lundis, mercredis, vendredis
Bals-Concerts
les dimanches et fêtes.

RENSEIGNEMENTS AUX ÉTRANGERS

Les étrangers devront demander par écrit à LL. EE. les ministres d'Etat, de l'Intérieur et de la Guerre, la collection de billets dont ils peuvent disposer.

Ces billets, qui sont accordés facilement, permettent à celui qui en est porteur de visiter, accompagné de six personnes, tous les Palais Impériaux, Musées et autres établissements publics.

MANUFACTURES IMPÉRIALES.

DES GOBELINS, rue Mouffetard, 254. — Les mercredis de 2 à 4 heures avec permis du directeur.

DE PORCELAINE DE SÈVRES, à Sèvres.—Tous les jours non fériés avec permission de S. E. le ministre d'Etat.

DES TABACS, quai d'Orsay, 63. — Les mardis, jeudis et samedis, de midi à 4 heures, avec son passeport.

GARDE-MEUBLES, rue de l'Université, 132.

ENTREPOT DES DOUANES, rue de la Douane, 17. — Le dimanche avec son passeport.

PRINCIPALES CASERNES.

INFANTERIE : Caserne Napoléon, place de l'Hôtel-de-Ville. — Caserne du Prince Eugène, boulevard du Temple. — Caserne municipale, rue de la Banque.

CAVALERIE : Quartier Bonaparte, quai d'Orsay.

INFANTERIE, CAVALERIE, ARTILLERIE : Ecole Militaire, au Champs-de-Mars.

ADMINISTRATION DES POSTES.

DIRECTION GÉNÉRALE

Rue J.-J. Rousseau, 9.

BUREAUX PRINCIPAUX :	BUREAUX SUPPLÉMENTAIRES.
A. RUE TIRECHAPPE, 1	Hôtel-de-Ville. rue Saint-Antoine, 170. rue de la Sainte-Chapelle, 15.
B. B BEAUMARCHAIS, 95	Faubourg Saint-Antoine, 196. Boulevard Mazas, 19.
C. R. DES VIEILLES-AUDRIETTES, 4.	Rue d'Angoulême-du-Temple, 48. Rue Neuve-Bourg-l'Abbé, 4. Boulevard Saint-Martin, 6.
D. R. SAINTE-CÉCILE, 2.	Faubourg Saint-Martin, 160. Rue Lafayette, 8. Gare du chemin de fer du Nord.
E. R. DE SEZE, 24	Faubourg Saint-Honoré, 75. Rue de Chaillot, 3.
F. R. SAINT-DOMINIQUE-SAINT-GERMAIN, 56.	Petite rue du Bac, 5. Rue Saint-Dominique, 148 (G.-Caillou)
G. R. MAZARINE, 12 ET RUE DE SEINE, 13.	
H. R. DU CARDINAL-LEMOINE, 22.	Rue Mouffetard, 173. Rue des Noyers, 54. Gare du chemin de fer d'Orléans.
J. PL. DE LA BOURSE, 4.	Rue d'Antin, 19.
K. BOURDALOUE, 5.	Rue Saint-Nicolas-d'Antin, 8. Rue de Londres, 33.
L. R. DE VAUGIRARD, 19 (Sénat).	
M. R. DE BOURGOGNE, 2 (Corps législatif).	
N. R. DE L'ÉCHELLE, 3.	

LEVÉE DES BOITES ET DISTRIBUTIONS A DOMICILE.

NUMÉROS des levées	HEURES DES LEVÉES AUX BOITES			DISTRIBUTIONS correspondantes aux levées des boites
	de quartier	des bureaux	de l'hôtel	
Levée spéciale. . . .	»	4 h.	5 h. »	1re distribution. 7 h. 30
Première levée. . . .	7 h.	7 h. 30	8 h. »	2e — 9 h. »
Deuxième levée. . . .	9 h. 30	10 h. »	10 h. 30	3e — 11 h. 30
Troisième levée. . . .	11 h. 30	12 h. »	12 h. 30	4e — 1 h. 30
Quatrième levée. . . .	1 h. 30	2 h. »	2 h. 30	5e — 3 h. 30
Cinquième levée. . . .	3 h. 30	4 h. »	4 h. 30	6e — 5 h. 30
Sixième levée.	5 h. »	5 h. 30	6 h. »	7e — 7 h. »
Septième levée. . . .	9 h. »	9 h. 30	9 h. 30	1re dist. du lendemain.

Pour les départs du soir, jeter les lettres aux boites avant la 6e levée.

Et aux boites des gares 35 minutes avant le départ du train-poste.

TARIF DES VOITURES DE PLACE

ET DE REMISE

Pour Paris et le bois de Boulogne,

De 6 heures du matin à minuit 30 minutes.

	La Course.		L'Heure.	
	fr.	c.	fr.	c.
Voitures de place, à 2 places....................	1	25	1	75
— — à 4 et 5 places....................	1	40	2	»
Voitures sous remise, à 2, 4 et 5 places..........	2	»	2	25

De minuit 30 minutes à 6 heures du matin.

Voitures de place, à 2, 4 et 5 places..............	2	»	2	50
Voitures sous remise, à 2, 4 et 5 places..........	2	50	3	»

TARIF POUR L'EXTÉRIEUR DES FORTIFICATIONS.

De 6 h. du matin à 7 h. du soir en hiver, et à 9 h. en été

Voitures de place, à 2. 4 et 5 places..............			2	50
Voitures sous remise, à 2, 4 et 5 places..........			3	»

(*Les voitures ne peuvent être prises qu'à l'heure*).

—

Une indemnité de 50 cent. pour les voitures de place et de 75 centimes pour les voitures de remise est due au cocher lorsqu'en se faisant conduire au Bois de Boulogne on ne garde pas sa voiture.

Bagages.

20 centimes par colis. — Au-dessus de deux colis, le cocher ne peut percevoir plus de 50 centimes, quel que soit le nombre des colis. — Les menus objets que l'on peut porter à la main ne sont pas compris au nombre des colis.

OMNIBUS

COMPAGNIE GÉNÉRALE. Siége de la Societé, rue Saint-Honoré, 155.

Secrétaire général de l'administration, GENISSIEU.

A *d'*Auteuil *et de* Passy au Palais-Royal.
AB *de* Passy *à la* place de la Bourse.
B *de* Chaillot *au* chemin de fer de Strasbourg.
C *de* Courbevoie *au* Louvre.
D *des* Ternes *au* boulevard des Filles-du-Calvaire.
E *de la* Madeleine *à la* Bastille.
F *de* Batignolles-Monceaux (*route d'Asnières*) *à la* Bastille.
G *de* Batignolles (*place de la Mairie*) *au* Jardin-des-Plantes.
H *de* Batignolles-Clichy (*avenue de Clichy*) *à l'*Odéon.
I *de* Montmartre *à la* place Maubert.
J *de* l'ancienne barrière des Martyrs *à l'*ancienne barrière Saint-Jacques.
K *de la* Chapelle *au* collége de France.
L *de la* Villette *à la* place Saint-Sulpice.
AC *de la* Petite-Villette *au* Cours-la-Reine.
M *de* Belleville *aux* Ternes.
N *de* Belleville *à la* place des Victoires.
AD *du* Château-d'Eau *au* pont de l'Alma.
O *de* Ménilmontant *à la* Chaussée-du-Maine.
P *de* Charonne *à la* Bastille.
AE *de* Vincennes *aux* Arts-et-Métiers.
Q *du* Trône *au* Palais-Royal.
R *de* l'ancienne barrière de Charenton *au* Roule.
S *de* Bercy *au* Louvre
T *de la* gare d'Ivry *à la* place Cadet.
U *de la* Maison-Blanche *à la* Pointe-Saint-Eustache.
AF *de* l'ancienne barrière de la Glacière *à la* place Laborde.
AG *de* Montrouge *au* chemin de fer de l'Est.
V *du* Maine au chemin de fer du Nord.
X *de* Vaugirard *à la* place du Havre.
Y *de* Grenelle *à la* porte Saint-Martin.
Z *de* Grenelle *à la* Bastille.

Compagnie générale des omnibus de Londres, bureaux : rue Choiseul, 10.

Compagnie lyonnaise des omnibus, voitures et voies ferrées, rue de l'Université, 108; bureaux à Lyon et à Marseille.

ENVIRONS DE PARIS.

ASNIÈRES. — A 8 kilom. de Paris. Dans la belle saison : Bals champêtres, illuminations et jeux de toutes sortes dans le parc. prendre le chemin de fer de l'Ouest. — Prix des places : 1res 50 cent., 2es 35 cent.

AUTEUIL. — A 7 kil. de Paris, près du bois de Boulogne et près de la route de Versailles. — Ce village est illustré par le séjour qu'y ont fait Boileau, Helvétius, Lafontaine, Molière et Racine. — Prendre le chemin de fer de l'Ouest. — Prix des places : 1res 40 cent , 2es 30 cent.

ENGHIEN ET SON LAC. — Petit village très-fréquenté. — Eaux salutaires. — Prendre le chemin de fer du Nord. — Prix des places : 1res 1 fr. 25, 2es 1 fr.

FONTAINEBLEAU. — Résidence impériale. — La plus belle forêt qu'on puisse voir. — Prendre le chemin de fer de Lyon. — Prix des places : 1res 6 fr. 60, 2es 4 fr. 95.

MEUDON. — Château et bois. — A 9 kil. de Paris. — Prendre le chemin de fer de l'Ouest. — Prix des places : 1res 75 cent., 2es 50 cent.

ST-CLOUD. — A 11 kil. de Paris. — Résidence impériale. — Parc, grandes eaux, vue magnifique. — Prendre le chemin de fer de l'Ouest. — Prix des places : 1res 75 cent., 2es 50 cent.

ST-DENIS. — Une des plus riches églises de France. — Tombeaux des rois de France. — Prendre le chemin de fer du Nord. — Prix des places : 1res 80 cent., 2es 60 cent.

ST-GERMAIN. — Château, forêt. — Sa terrasse n'a pas d'égale. — Prendre le chemin de fer. — Prix des places : 1res 1 fr. 50, 2es 1 fr. 25.

SÈVRES. — Manufacture impériale de porcelaines, visible tous les jours avec passeport. — Prendre le chemin de fer de l'Ouest. — Prix des places : 1res 90 cent., 2es 60.

VERSAILLES. — Musée consacré aux gloires du pays. — Visiter le Grand et le Petit-Trianon. — Statues. — Grandes eaux. — Visible tous les jours, excepté le lundi. — Prendre le chemin de fer de l'Ouest. — Prix des places : 1res 1 fr. 50, 2es 1 fr. 25.

CHENUE

EMBALLEUR-EXPÉDITEUR

De la Manufacture impériale de Sèvres

Du Ministère de la Maison de l'Empereur

et du Mobilier de la couronne.

EMBALLAGE SPÉCIAL DE MOBILIER, OBJETS D'ART
et de mode pour l'exportation, etc.

Formalités aux douanes françaises et étrangères

ARTICLES DE VOYAGE

24, *rue Croix-des-Petits-Champs*, 24

ENGLISH SPOKEN.

154, rue de Rivoli (au premier, en face le Louvre).

CONSTANCE

ROBES

HAUTES NOUVEAUTÉS ET MANTEAUX.

AUX FABRIQUES RÉUNIES

104, rue Richelieu. — Maison des Villes de France

PATTEY aîné

BRONZES d'Ameublement — BRONZES d'Art

PENDULES — **LUSTRERIE**

PORCELAINE.

33, passage du Havre, donnant rue Saint-Lazare et rue Caumartin.

Réparations d'Écaille ET D'ÉVENTAILS

BARBIER

Ouvrages en cheveux ET POSTICHES EN TOUS GENRES

COIFFEUR-PARFUMEUR

Tient Éventails riches et communs, ivoire, écaille et buffle, Brosserie ivoire et ordinaire, Coulants de serviettes en ivoire

Dépôt d'EAU SALLÈS pour la teinture des cheveux

Se habla Espanol.

HUIT JOURS A PARIS

DIMANCHE. Publics : les différents musées que renferme le Louvre. — Le Musée du Luxembourg. — Le Musée de Cluny. — Le Conservatoire des Arts et Métiers.

LUNDI. Avec billet ou passe-port : le Muséum d'histoire naturelle. — Le Tombeau de l'empereur Napoléon Ier. — Séance publique de l'Académie des sciences.

MARDI. Publics : la Bibliothèque impériale. — Le Musée monétaire. — Le Muséum d'histoire naturelle. — Le cabinet de minéralogie. — Avec passe-port le Musée de Cluny.

MERCREDI. Avec passe-port, la Manufacture impériale des Gobelins. — Le Tombeau de l'empereur Napoléon Ier.

JEUDI. Publics : le Musée de minéralogie. — Le Conservatoire des Arts et Métiers. — Avec passe-port, le Musée de Cluny. — Le Muséum d'histoire naturelle. — Le Musée algérien, avec permission de Son Exc. le Ministre de la guerre.

VENDREDI. Publics : le Musée monétaire. — Le Muséum d'histoire naturelle. — Avec passe-port, le Musée de Cluny.

SAMEDI. Public : le Cabinet de minéralogie. — Avec passe-port, le Muséum d'histoire naturelle. — La Manufacture des Gobelins. — Le Tombeau de l'empereur Napoléon Ier.

Tous les jours, on peut visiter le Musée Dupuytren. — Le Musée Orfila et la Sainte-Chapelle, au Palais de Justice, en s'adressant aux concierges. — Le Musée d'objets d'art en cheveux de Lemonnier, 10, boulevard des Italiens, au coin du passage de l'Opéra.

TABLE DES MATIÈRES.

RENSEIGNEMENTS UTILES SUR PARIS

TABLE DES MATIÈRES

PAR ORDRE ALPHABÉTIQUE DE PROFESSIONS

COMMERCE

LONDON — HOTELS

WHICH

generally recommended to travellers.

LONDRES

Hôtels recommandés

PRINCE OF WALES' HOTEL

établi depuis plus de 30 ans

F. GREATOREX

négociant de vins en gros

9, 10 et 11, Leicester place

Leicester square, Londres.

Cet hôtel où l'on trouve café, estaminet, billards et divers objets d'agrément, offre aux voyageurs tout le confort désirable Le propriétaire, jaloux de co-opérer autant que possible au progrès du siècle, a composé des appartements d'un style tout à la fois commode et agréable, à des prix très-modérés.

Pension de 6 à 8 sh. par jour selon l'appartement, et chambre de garçon depuis 1 sh. 6 d. Il y a toujours très-bon feu en hiver, et un domestique spécialement chargé de veiller pour les voyageurs arrivant la nuit.

Des interprètes intelligents de toutes les nations sont attachés à l'hôtel

Hatchett's Hotel

Piccadelly and Dover street

LONDRES

Established 100 years.

—

Good beds, good Living, cleanliness and comfort combined with moderate charges Porters up all night. — Warms baths.

Servants charged if desired.

—

Cet hôtel se recommande par le bon goût de ses appartements, par sa cuisine excellente, et par la qualité de ses vins français et étrangers.

www.ingramcontent.com/pod-product-compliance
Ingram Content Group UK Ltd.
Pitfield, Milton Keynes, MK11 3LW, UK
UKHW021214230726
13926UKWH00003B/1022

9 782014 429077